八极拳 拆架拆手

八式太极拳术述真之二

魏树人／著
王洁／助编
蓝清雨／整理

人民体育出版社

出版说明

随着太极拳运动的普遍开展,人们渴望进一步了解和探求源远流长的传统太极拳技艺精华及其所独具的文化底蕴与艺术魅力,为此,我们特约作者撰写了《杨式太极拳术述真》一书。

出版说明

鉴于原书厚重,应广大读者要求,我们将原书分为五个单册,书名依次为:

杨式太极拳术述真之一

太极拳内功理法

杨式太极拳术述真之二

太极拳行拳心法

杨式太极拳术述真之三

出版说明

太极拳拆架拆手

杨式太极拳术述真之四

太极拳内功修炼法

杨式太极拳术述真之五

太极拳内功劲法

现以异型32开本的形式出版，以方便广大太极拳爱好者随身携带和阅读。

前　言

自先师汪永泉讲授的《杨式太极拳述真》一书面世后，余陆续收到海内外读者的大量信函。各省市太极拳爱好者不断登门见访，海外人士也陆续来京质疑问难。中外朋友都希望进一步学习和探索这一门太极拳技艺，纷纷建议我编写一本由初学阶段转入中级阶段之后练习太极拳的内容、方法及纲要的书籍。为了满足大家的要求，余不揆庸昧，在先师所传技艺的基础上，融合自己数十年学习、探索太极拳艺之所得，本着知无不言、

言必由衷的精神，将这一门技艺的精华原原本本地告知所有太极拳的爱好者。

本套丛书由太极拳内功理法、行拳心法、拆架拆手、内功修炼法和内功劲法组成。这些内容是太极拳功夫在中级阶段由低到高、分层递进之阶梯。书中记述有前人杨公健侯、杨公少侯和先师汪永泉口耳相传的行拳要诀，以及精辟独到的譬喻。这些警句脉络清晰、洞明事理、言简意赅而切中要害。这些融太极大道至理于拳之精微的明言直语尽抒拳艺精髓，是从中华民族文化的深厚凝聚中升华出来的宝贵文化遗产，堪为吾等行拳

之楷模。

余自列汪师门墙后，十余年来对拳艺极虑求精，搜寻探索，刻意上进，但仅有些粗浅体会。在众同学和广大爱好者的恳请下，于古稀之年不顾老眼昏花，勉力提笔，搜索枯肠，力求去伪存真，汰繁去滥，树习拳之楷模，规导正途，以不负承传师门拳艺使命之重任。书中不敢存丝毫偏私隐晦，惟恐愧对先师，被视为欺世盗名。撰写本书，旨在明心，愿与各界酷爱此道者共同探求太极拳艺之真谛。余学浅才疏，难免挂一漏万，讹误纰缪之处，诚请方家鉴审，不吝赐教是幸。

作者

拳苑记事

近半个世纪以来，中国及世界各国人士对太极拳有了一定程度的认识和了解，尤其杨式太极拳所独具的健身、养生价值更令世人瞩目。

但却很少有人知道，在杨式太极拳近百年来的传承延续中，其真谛因前辈拳师缄秘不传而险致湮没。

值得庆幸的是，当年承杨健侯祖师秘传的京都一脉，比较完整地保留了杨家原始拳架的练法和揉手技艺。为此，汪公崇禄及先师汪永泉倾注了毕生心血和精力，启幽发微功不可没。

提起此一脉技艺的由来,还要追溯到清朝末年时期。那时,杨公健侯奉召出入贝勒、贝子府邸,教授宗室子弟学练太极拳。当时清朝宗室贵胄养尊处优,注重养生遂成时尚。诸多权贵学练太极拳多出于赶时髦的心态,将其视为消遣解闷的娱乐方式,并不真下工夫。

惟宣宗皇帝之长孙溥伦贝子对杨公健侯在教拳过程中偶尔流露出的太极拳技击功夫产生了浓厚的兴趣,时常将健侯公延请入府讨教拳艺,薪俸优沃,恩宠有加。感于溥伦贝子的知遇之恩与格外厚待,健侯公遂将杨家素不外传之技艺相授。

当时溥伦贝子府中有一位嗜好武术的管家,名汪崇禄。每当健侯公入府教溥伦贝子练拳时,都由他接待侍奉。本有武功在身的崇禄公听到健侯公如数家珍般地讲解拳中精要，深感斯技非同凡响，蕴藏着上下古今、天地万物之至理，又见其所授拳架练法与外界所见所传迥然不同，实是自己梦寐以求的武艺极品，因而对健侯公分外尊崇，时时留意，处处尽心，事无巨细皆照应得无微不至。

久之，健侯公为崇禄公一片诚心所感，时常抽暇教他一两个拳式。数年之后，崇禄公的太极功夫日深，加之其为人敦厚善良、诚实守信，深得健侯公赏识，遂欣然收其为入室弟子。

崇禄之子永泉幼而嗜武，七岁开始学"布库"（满语摔跤术），练得筋骨结实、身手矫健。八岁上随父到杨家行走。健侯公深爱其资质聪慧，允其亦练杨家功夫，并命永泉尊其第三子澄甫为师。从此汪氏父子相伴时常到坐落在京都西城沟沿头的杨宅向健侯公学艺。永泉也经常受父亲的支派到杨家帮着料理些零活杂事，不时听到健侯、少侯父子们谈论拳技。有时讲到兴头上，少侯便招手唤他上前搭手听劲，以证其所言不虚。由于永泉有"布库"功底，会挨摔而不怕摔，每次被少侯师伯发出的凌厉劲势一连打上几个跟头，总是急急忙忙地站起身来凑到师伯跟前，盼望与等待着其再度出手，因而博得少侯师伯十分欢喜。

当时，人称"大先生"的少侯公出手不留情，发劲凶狠是出了名的。凡被其凌空抛出者尝到个中滋味后，都胆战心惊不敢再靠前。而永泉则经常设法与少侯师伯试手，在被发挨摔中体验师伯的劲路、威力与时机、奥妙。但是只能听劲,从来不敢问师伯是用什么劲发的。一连十数年耳濡目染,身领心悟。加之前期有健侯公指点,后期有严父教诲,故永泉公深得杨家内功劲法之真传,尤其在揉手方面很有造诣。在后来的几十年里,他始终坚持早年和父亲一道从健侯公所学的老六路拳架的原始练法,所习、所传拳架与杨师澄甫南下上海等地所教的套路动作及练法不一。

汪永泉宗师七十岁时,应聘到中国社会科学院授拳。为了挖掘、继承杨式太极拳的真谛,社会科学院哲学研究所所长齐一、文学所所长王平凡商定邀约树人学习拳艺并记录、整理宗师所授的拳论、拳架之教程,以帮助宗师出书,将这一濒临失传的瑰宝向社会推广,并再三叮嘱树人要亲身将拳艺继承下来以传后世。

那时，余习练太极拳术已有二十余年，聆听宗师入情入理地讲解拳中精要，亲身体验妙趣无穷的揉手内功劲法，顿时醒悟，这才是正宗正派的太极拳艺！额手称庆有幸能与汪宗师结师生之缘，从此便专心致志地学习探讨杨式太极拳的真传技艺。现在杨式太极拳术已经风靡世界，造福人寰，这也是当初杨式太极拳创立人始料所未及者也。

目 录

出版说明

前言

拳苑记事

1　第一章　拆架拆手释义

3　第二章　单式拆手之招中术

3　第一节　野马分鬃之拆手

8　第二节　白鹤亮翅之拆手

13　第三节　搂膝拗步之拆手

18　第四节　手挥琵琶之拆手

20　第五节　倒撵猴之拆手

27	第六节	揽雀尾之拆手
38	第七节	云手之拆手
43	第八节	单鞭之拆手
54	第九节	高探马之拆手
60	第十节	分脚之拆手
64	第十一节	双峰贯耳之拆手
68	第十二节	蹬脚之拆手
73	第十三节	玉女穿梭之拆手
82	第十四节	下势之拆手
88	第十五节	金鸡独立之拆手
92	第十六节	海底针之拆手
95	第十七节	扇通背之拆手
98	第十八节	转身撇身锤之拆手
104	第十九节	卸步搬拦锤之拆手
108	第二十节	如封似闭之拆手
111	第二十一节	十字手之拆手

第一章 拆架拆手释义

学拳者掌握了拳架练法之后，仍不会明确每式拳架应用的关键之处，故前人传下拆架子、拆手的方式来启发学者掌握每式每手的内劲运用要领，以求达招与术的有机结合与相互融通。

拆架子是将完整的拳架拆解成单一的动作姿势，运用时不依动作的

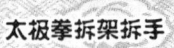

前后顺序操作,亦无需固守套路中固定的姿势高低、拳架大小之规范,故称"拆架子"。而后形成每一手的招术间相互依赖、融会贯通的应用,称之为"拆手"。

拆手要求重意不重形,遵循"脱规矩而守规矩"之说。同好之间演练拆手,可以相互检验对方盘练拳架掌握内功要领的程度。在实际拆手中要根据对方在接手瞬间的变化而随机应变,总要在招式不变的"无形"之中使内劲突变,方能做到"因敌变化示神奇"。

拆架、拆手是进入揉手阶段的必修课程,当拆手演练得空灵不滞、得心应手时,自会掌握八种内劲的混合运用并渐渐领会神意气之妙用,逐渐攀达太极拳艺的高峰。

第二章　单式拆手之招中术

第一节　野马分鬃之拆手

1. 当与对方接手之际，先求心静，此谓之"以静待动"。脚下顺应对方当时的身形、步态而进步（即对方右足在前时，我便进右足）。进步的步幅大小也与对方大致相符（彼步大我步略大，彼步小我步亦小），只以自身舒适自在为准。动步时只可以进身的

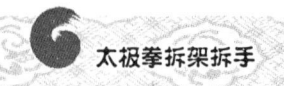

图 1

气势逼人,不可用进步欺裆的方式蛮横侵入。上述要点适用于以下各式,不再赘述。

　　同时递肘而将双手腾出,两肘不丢不顶地通过接触点与对方双手相沾粘,以察知和把握对方的意图,对方在接触点感觉不到我之内劲的动向便不敢妄动。(图1)

图 2

2. 以"胸前十字"促使肩圈斜转,带动两臂随之滚旋(左臂旋向左后,右臂旋向右前),如此内外齐转地与对方沾连相随,方不致产生"跑、藏"之弊。(图 2)

注:先师传,外转内不转,谓之跑。有跑而内不随必倾。内转外不转,谓之藏。有藏而内不出必馁。

图 3

3. 以"胸前十字"促使胯圈随之左旋,带动左足随身形变换微向前移步;同时右臂顺旋而下,落至对方右肘弯处,左掌虚托小气球掤向对方面颊,此谓之"一顺",随即心中一静,遂周身气势圆散并向对方浸渗,此谓之"一亲"。(图3)

单式拆手之招中术

图 4

4. 对方受我之气势相侵立感不适，必欲调整重心抵抗，乘对方形将展而术未出之际，意想右臂捧着一牙笏，陡然向右一提，此谓之"一捧提"，将对方催出。（图4）

图 5

第二节　白鹤亮翅之拆手

1. 随内气流向背后，以左掌指贴右腕，再将挤内劲由后向前通出，对方受挤劲逼迫，必以双手拦截我之

图 6

双臂，即借对方拦截之劲，右脚随着钟锤前荡而前移，与此同时双手向前平挤。（图 5、6）

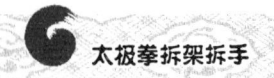

图 7

2. 挤内劲开至对方背后，神意气要"一定"之后才能实施采的动作。发采内劲时，会使对方受到浑厚气势的粘连和压迫而不由自主地下沉。此谓之"一开才能一合"。（图7）

单式拆手之招中术

图 8

3. 心中一静,相继发出的捌内劲才能使对方感到意料之外的突然"劲变"。

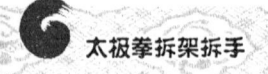

图 9

捌内劲的走势恰与采内劲方向相反,使对方沿着捌内劲发出的方向被抛出。(图 8、9)

图 10

第三节　搂膝拗步之拆手

1. 有意识地以腕部与对方之手相接并使之粘连不脱。

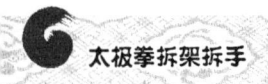

图11

当我翻手欲运用下肢动作时,对方抢先提右足向我胯间蹬来。(图10、11、12)

单式拆手之招中术

图 12

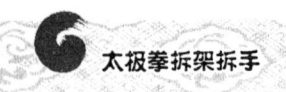

图 13

2. 我顺势以左手沾带对方右手向下旋贴于对方右膝内侧并向外搂开,同时上右足。

单式拆手之招中术

图 14

右腕连带着对方左手上旋绕至其胸前,内气由劲源通至手上,用掤按挤内劲将对方发出。(图 13、14)

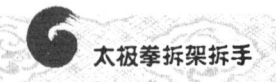

图 15

第四节　手挥琵琶之拆手

1. 接手之际，双手略抬，引对方双手扶向我肘部，我双手随即沉落在对方前臂上。随后三关竖立，背部后倚，用捋内劲沾着对方。（图15）

单式拆手之招中术

图 16

2. 小腹松静，内气圆转下落而后自然升腾，精神勃然提起；两手随内气的催发而自然向内翻转，用按挤内劲将对方发出。（图 16）

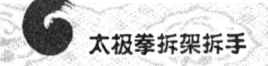

图 17

第五节　倒撵猴之拆手

1. 当对方双手用力按我双腕、同时上右步欲发挤劲时,我在接触点上以掤起之劲接对方的来力,内气由

图 18

劲源透向胸前,促使两腕以接触点为轴心向上圆转掤提;同时左足随三关后撤而向后撤步。(图 17、18)

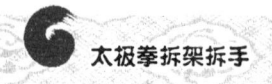

图 19

2. 两肘展捯,将对方的来力化解,随即左腕沾附对方右手,右腕沾

图 20

带对方左手提起,以右拳背逼向对方面前;眼神凝视右拳前方的准星。(图19、20)

图 21

3. 胸中一含，双手自然合向胸前，使对方感到猛然间落空，当其一怔之际，我即由劲源通出内劲，右拳

图 22

随势内翻变掌,两掌催出掤按挤内劲将对方发出。(图 21、22、23)

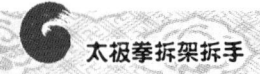

图 23

图 24

第六节 揽雀尾之拆手

1. 先以周身气势浸渗对方的劲源,随即递出双腕,使对方在接触我双腕之际便立感不适,即用双手之力截按我之双臂。(图 24)

图 25

2. 意想两臂如同环抱着一只孔雀，既轻灵又稳妥地迎合对方的来力，使对方由不适转而感到舒适自然，遂恢复其立身中正的姿态，当彼

图 26

毫无察觉之际,我即以意领内气增强两臂的圈揽力度,并放展两臂环抱的空间,将对方散发出去(图 25、26)。此为揽雀尾之用法。

图27

3. 两手环抱气球粘着对方双手，先以意将气球微微压瘪，使内气进入胸中，继而神意气一定，内气的传导似通电般自胸中沿身中垂直线

图 28

下行入地,即由身前通向双手,将对方掤出(图 27、28)。此为揽雀尾之掤势用法。

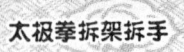

图 29

4. 对方双掌掤接我两前臂时，先以手领出肘内劲挤向对方背后之劲源（图29）。

图 30

继而以两前臂沾带对方的双掌,随着两肘端展捯而将对方将向胸前,此时配合着腰圈右旋,将对方将向我之右方(图30)。此为揽雀尾之将势用法。

图 31

5. 倘若对方未被捋回时，两掌立即合向胸前，左掌贴右掌根，劲起于足下，转而升腾至胸前，使手、足之内劲上下相随地整体向前催发，将对方挤出（图 31、32）。此为揽雀尾之挤势用法。

单式拆手之招中术

图 32

图 33

6. 倘若对方未被挤出时，两手立即内旋，意想犹如扶按在对方身后一只箱子的合页上，在两手下按时要

单式拆手之招中术

图 34

有沿两腿内向后、回旋上掀之意相伴随,如此发出掤按挤内劲将对方催出(图 33、34)。此为揽雀尾之按势用法。

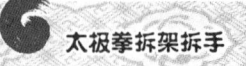

图 35

第七节　云手之拆手

1. 使用左云手时，要以腰带肘向左运转，身内身外协调一致、速度均匀地齐向左转，才不会导致身转臂不动或臂转身不动的"跑、藏、倾、馁"之弊。与对方接手时，要内外相合地毫无鼓瘪之处，使对方的双手牢牢地

图 36

扶贴在我的两前臂上,意气要先向内合,随即神意气暂短的一定,再开向对方背后,将其掤出。(图35、36)

图 37

2. 当双臂云至胸前时,两手微内旋成上下相对的"龙口",意想将胸前的圆球吞向背后;随即神意气一定,再将背后的圆球向前吐发而将对方催出。(图 37~39)

单式拆手之招中术

图 38

太极拳拆架拆手

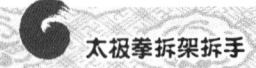

图 39

图 40

第八节 单鞭之拆手

1. 当我右勾手在运行中被对方拦截时（图 40），内劲要通过胸前十

图41

字催促右前臂向右前上方旋滚而出，发滚劲的同时要伴随着桡骨通出搓内劲，方能将对方发出（图41）。此为滚劲用法。

图 42

2. 若滚内劲未奏效时，前臂略外旋，内劲由桡骨前端转落向尺骨前端，催促前臂向左前方错出，将对方发出（图 42）。此为错劲用法。

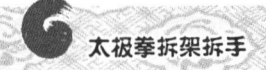

图 43

3. 欲向前折劲时，右肘端先向后下沉坠（图43），使内劲在肘端融

图 44

散,继而神意气一"定",内劲由肘端返向腕部流注,促使勾尖下垂将对方发出(图 44)。此为折劲用法。

图 45

4. 当双手被对方拢合时，左手依附右腕，沾带着对方双手向左旋，同时内劲经十字中心透向背后，胯圈前移促使右足向前移步，内劲由后向

图 46

右、向前圆转运行,通过肘催动手向右前方绕环将对方抛出(图 45~47)。此为磨劲用法。

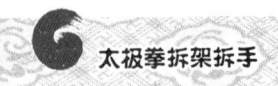

图 47

图 48

5. 当对方扶在我两前臂上时,用意引其来力通过肘端与腰圈相接,此谓"腰接"。使对方感到两手如被沾连在我臂上一样。(图48)

图 49

意气继续下沉,左腿自然提起向前迈出,同时左手外翻,内气经背后向右腕流注,周身内气受"身备五弓"之意驱策向四外圆散而将对方发出。(图49、50)

单式拆手之招中术

图 50

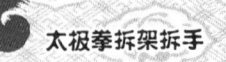

图 51

第九节　高探马之拆手

1. 在与对方接触之前，背部之意要后倚，神意气才能弥散出平气圈，两手在旋转着的平气圈带动下与对方相接，使对方一搭手就受到平圈旋动的威胁而立身不稳。（图51）

图 52

当对方急欲调整身形恢复直立时,神意气继续沿平圈旋动将对方抛出(图 52)。此为平圈用法。

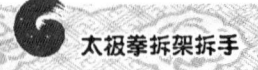

图 53

2. 神意气在身外弥散成立气圈,使对方一接手就受到立气圈的浸渗威胁。(图 53)

图 54

对方受立气圈向前下旋动之影响而被按掤起（图54）。此为立圈用法。

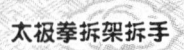

图 55

3. 对方受我由左侧胯经背后向肩右侧贯通的斜气圈之影响而被抛出(图55、56)。此为斜圈用法。

单式拆手之招中术

图 56

图 57

第十节　分脚之拆手

1. 当对方将我之双手按至胸前时（图57），立即运用"如封似闭"式中的"阴阳转换恍如山"的劲法，双手背在掤接来力的同时找出对方来力之手的一个劲点，以劲点之边粘其双

图 58

手,同时身背后倚,两肘随势而张展。两前臂随着通出旋绕裹捋之内劲而向上穿伸。(图58)

图59

2. 心中一静,内气下沉,在对方毫无察觉下提起右腿,随即用右脚外侧贴向对方右胯;在两掌心通出掤按挤内劲的同时,右脚向右前方分摆。(图59、60)

图 60

图 61

第十一节 双峰贯耳之拆手

1. 当我起腿时，对方双手下落欲抱我膝；我立即内气下沉，两手向右膝两侧踏采，化开对方之手后，立即依斜圆向前上方划弧掤到对方两肩头。（图 61、62）

单式拆手之招中术

图 62

图 63

2. 双手边内旋边握拳，内劲由劲源向两拳贯注，照准对方双耳发去，此刻对方会出自本能地出劲下按我之两臂，我则由两拳中指根通出掤挤内劲，将对方发出。（图 63、64）

单式拆手之招中术

图 64

图 65

第十二节　蹬脚之拆手

1. 对方将我之两前臂按至身前（图 65），以两前臂擎起来力并找出

图 66

来力手上的一个劲点,以劲点之边粘其双手;身背后倚,两肘随势而张展,双手向外翻转,两前臂随着旋绕裹捋内劲的通出而向前穿伸。(图 66)

图 67

2. 心中一静,内气下沉,在对方毫无察觉下悄悄提起右腿,随即以足跟贴向对方胯前,在两掌心通出掤按挤内劲的同时,右脚向前蹬出。(图 67~69)

单式拆手之招中术

图 68

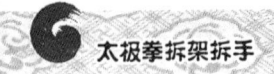

图 69

图 70

第十三节 玉女穿梭之拆手

1. 右臂屈肘随身中垂直线前移而向前递送,左手贴右肘窝向前穿出。(图 70)

图 71

对方必出手拦截,我顺势沾着对方双手,神意气一定,随着三关前长,由劲源通出按掤挤内劲将对方发出。(图 71)

单式拆手之招中术

图 72

2. 左肘向前递出。(图 72)

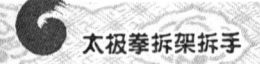

图 73

右手贴左肘窝向前穿出,当对方出手拦截时,顺其来势沉采其右肘,随后舒右腕,以太极枪中的捌枪之意

图 74

引导右前臂向右平开而将对方捯出。(图 73、74)

图 75

3. 递出两前臂，引对方出双手拦截，此谓之"递肘腾手"（图75）。随

图 76

后两前臂蕴含太极枪中"凤凰点头"的劈崩劲法,相继运用采、挒内劲控制和调动对方,最后双手沿逆时针轨

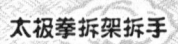

图 77

迹翻转，右手后引、左手向前穿伸而将对方发出。（图 76~78）

单式拆手之招中术

图 78

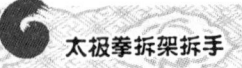

图 79

第十四节 下势之拆手

1. 递出两前臂引沾着对方双手（图 79），然后顺着对方来力之势，重

单式拆手之招中术

图 80

心右移，右臂横向右捯，右手内旋变勾手，沾缠着对方之左腕，随身形下

图 81

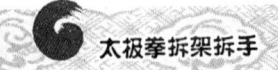

落,左脚向左前方迈出。(图 80、81)

图 82

2. 身形随势左转，左掌随着钟锤前荡贴向对方右膝内侧并前穿，内劲由劲源通向两臂将对方发出。（图 82~84）

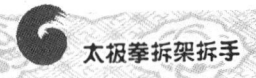

图 83

单式拆手之招中术

图 84

图 85

第十五节　金鸡独立之拆手

1. 当双手被对方踏按时（图85），两手顺内气升腾之势外翻,同时

图 86

右膝也随势上提。(图 86)

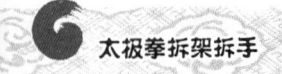

图 87

2. 内气贯通周身，右手在上穿的同时通出掤内劲，左手向前通出挤内劲将对方发出。（图 87、88）

单式拆手之招中术

图 88

图 89

第十六节 海底针之拆手

1. 继上式,独立之足下落时,两臂皆被对方双手采下(图89);右手

图 90

顺其采势落至右胯前,同时左前臂掤起对方右臂,左足顺势前移,以足尖点地。(图 90)

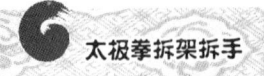

图91

2. 左足前移踏实，身形略沉落，后背微隆起，内气由劲源通达两臂，左手发出踏按内劲，同时右前臂外翻向前绷弹，将对方发出。（图91）

图 92

第十七节　扇通背之拆手

顺应对方踏采我双腕之势而身形右转；上左步，两臂向上下圆转分展（图92、93）。随身中垂直线前移、三关前长而将对方发出。（图94）

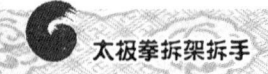

图 93

单式拆手之招中术

图 94

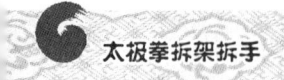

图 95

第十八节 转身撇身锤之拆手

1. 当对方扶我两臂时,顺其来势而身形微左转,同时两手外翻掤起,右手握拳,以腕背贴向对方右肋(图95)。随着胸部一含,左手经下绕

图 96

向对方右臂外侧,同时身形微右转,右拳回勾,由劲源向两臂通出捯采内劲将对方发出。(图 96、97)

太极拳拆架拆手

图 97

图 98

2. 在对方扶我两臂时，我两前臂亦可顺势向前上方掤提，并以右拳拳背指向对方面门（图 98）。此为"问

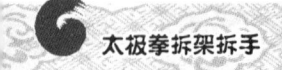

图 99

星"。随后右拳随屈肘进身而内翻收向胸前,再随钟锤前荡而使右足前

图 100

移,并在打出右拳的同时通出肘靠内劲将对方发出。(图 99、100)

图 101

第十九节 卸步搬拦锤之拆手

1. 对方右手欲按我左肩时,我以左手接其右腕向右、向下旋裹扳开(图 101、102)。对方被扳之手突然脱

单式拆手之招中术

图 102

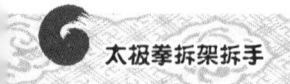

图 103

离我之左手向我面部扇来，我左手立即向左前上方翻掤穿拦。（图 103）

图 104

2. 随胸部一含，我两臂撤向胸前，左手贴扶右前臂内侧，由劲源向肘端通出按挤内劲，促使右拳打出而将对方发出。（图 104）

图 105

第二十节　如封似闭之拆手

对方扶我前臂,我右手心轻贴左手背与之相接;随着胸部微含,背部

单式拆手之招中术

图 106

后倚，两肘向两侧圆展，将对方推来之力化解。随即两手内旋，两臂如俯伏在一大气球上向前碾轧对方。（图 105～107）

太极拳拆架拆手

图 107

图 108

第二十一节 十字手之拆手

当我双臂被对方拢住时,两手顺势贴合,微含胸,背部后倚;随后两手向外翻转,同时随着三关前长,右足略向前移,由劲源经两臂通出肘靠内劲,促使双手向前伸展而将对方抛出。(图 108、109)

图 109

要点：练习拆架拆手时，要处处注意培养"舍己从人"的心态与动作习惯，时时克制"先下手为强"等妄念所引发的盲动与蛮力。

以上所附的演示图照，我方都是用前臂与对方相接，来赚对方占上双手而腾出自己的两手来派各种用场，于是无形中便占了很大优势。故先师非常强调要递肘腾手。先师常讲"要是连自己的手都腾不出来,怎么能通出各种劲法呢"?

图书在版编目(CIP)数据

太极拳拆架拆手 / 魏树人著. -北京：人民体育出版社，2000（2018.2.重印）

（杨式太极拳术述真；3）

ISBN 978-7-5009-2015-1

Ⅰ.太… Ⅱ.魏… Ⅲ.太极拳，杨式 Ⅳ.G852.11

中国版本图书馆 CIP 数据核字(2000)第 43467 号

*

人民体育出版社出版发行
三河兴达印务有限公司印刷
新 华 书 店 经 销

*

720×880 异 32 开本 4.125 印张 28 千字
2001 年 2 月第 1 版 2018 年 2 月第 11 次印刷
印数：41,201—44,200 册

*

ISBN 978-7-5009-2015-1
定价：15.00 元

社址：北京市东城区体育馆路 8 号（天坛公园东门）
电话：67151482（发行部） 邮编：100061
传真：67151483 邮购：67118491
网址：www.sportspublish.cn

（购买本社图书，如遇有缺损页可与邮购部联系）